EDITION PETERS
REPERTOIRE LIBRARY

German Lieder
of the 19th century

Medium-low voice

PETERS EDITION LTD

A member of the EDITION PETERS GROUP

LEIPZIG · LONDON · NEW YORK

Also available from the
Edition Peters Repertoire Library (Voice)

English Songs of the 17th and 18th Centuries (*High voice*)
EP 72528   ISMN 979-0-57700-778-6

English Songs of the 17th and 18th Centuries (*Medium-low voice*)
EP 72529   ISMN 979-0-57700-779-3

German Lieder of the 19th Century (*High voice*)
EP 72530   ISMN 979-0-57700-780-9

Works from this edition are drawn from the comprehensive Edition Peters vocal catalogue including *The Art of Song*, a graded series with selected repertoire from the Associated Board of the Royal Schools of Music singing syllabus.

Peters Edition Ltd
2–6 Baches Street
London
N1 6DN

Tel: +44 (0)20 7553 4000
Fax: +44 (0)20 7490 4921
Email: sales@editionpeters.com
Internet: www.editionpeters.com

Cover design: www.adamhaystudio.com

Printed in England by Halstan & Co, Amersham, Bucks.

CONTENTS

Dein blaues Auge

Your blue eyes

Klaus Groth (1819–1899)

Johannes Brahms (1833–1897)

Dein

blau - es Au - ge hält so still, ich blik - ke bis zum Grund. Du

fragst mich, was ich se - hen will? Ich se - he mich ge - sund.

Es brann - te mich ein glü - hend Paar, noch schmerzt, noch schmerzt das

Nach - - ge - fühl: das dei - ne ist wie See so klar,

und wie ein See so kühl, und wie ein See so

kühl.

Der Schmied

The Blacksmith

Johann Ludwig Uhland (1787–1862)

Johannes Brahms (1833–1897)

7

Komm bald

Come back soon

Klaus Groth (1819–1899)

Johannes Brahms (1833–1897)

Sandmännchen
The Little Sandman

Anton Wilhelm Forentin von
Zuccalmagio (1803–1869)

Johannes Brahms (1833–1897)

range:

1. Die Blü - me - lein sie schla - fen schon
3. -männ - chen kommt ge - schli - chen und

längst _ im Mon - den - schein, sie nik - ken mit den
guckst durchs Fen - ster - lein, ob ir - gend noch ein

Köp - fen auf ih - ren Sten - ge - lein.
Lieb - chen nicht mag _ zu Bet - te sein.

1. Es rüt - telt sich der Blü - ten-baum, er säu - selt wie im
3. Und wo er nur ein Kind - chen fand, streut er ihm in die Au - gen

Traum: Schla - fe, schla - fe, schlaf du, mein Kin - de - lein!
Sand. Schla - fe, schla - fe, schlaf du, mein Kin - de - lein!

- lein! 2. Die
- lein! 4. Sand -

Vö - ge - lein sie san - - gen so süß __ im Son - nen -
-männ - chen aus dem Zim - - mer, es schläft mein Herz - chen

- schein, sie sind zur Ruh ge - gan - - gen in
fein, es ist gar fest ver - schlos - - sen schon

ih - re Nest - chen klein. 2. Das __ Heim - chen in dem
sein __ Guck - äu - ge - lein. 4. Es __ leuch - tet mor - gen

Äh - ren-grund, es __ tut al - lein sich kund.   Schla - fe,
mir Will-komm das __ Äu - ge - lein so fromm!   Schla - fe,

schla - fe, __ schlaf du, mein Kin - de - lein!   - lein!
schla - fe, __ schlaf du, mein Kin - de - lein!   - lein!

3. Sand -

Vergebliches Ständchen

Fruitless Serenade

Anton Wilhelm Forentin von
Zuccalmagio (1803–1869)

Johannes Brahms (1833–1897)

range:

Lebhaft und gut gelaunt

(Er) Gu-ten A - bend, mein Schatz, gu - ten A - bend, mein Kind, gu - ten A - bend, mein Kind! Ich komm' aus Lieb' zu _ dir, ach, mach' mir auf die _ Tür, mach' mir auf die Tür, mach' mir auf, mach' mir auf, mach' mir auf _ die Tür!

41

(Er) So __ kalt __ ist die Nacht, __ so ei - sig der

46

Wind, so ei - sig der Wind,

51

dass mir das Herz er - friert, mein' Lieb' er - lö - schen wird, öff - ne mir, mein Kind,

57

Lebhafter

öff - ne mir, öff - ne mir, öff - ne mir, mein Kind!

(Sie) Lö- schet dein' Lieb' lass _ sie lö- schen nur, lass sie

lö- schen nur! Lö- schet sie im- mer- zu, geh' heim zu

Bett, zur Ruh', gu- teNacht, mein Knab', gu- te Nacht, gu- te Nacht,

gu- te Nacht, mein _ Knab'!

Wiegenlied
Lullaby

Traditional / Georg Scherer (1824–1909).

Johannes Brahms (1833–1897)

Zart bewegt

p teneramente, con moto

Gu-ten A - bend, gut' Nacht, mit _ Ro - sen be - dacht, _ mit _ Näg' - lein be - steckt, schlupf' _ un - ter die Deck': Mor-gen früh, wenn Gott will, wirst du wie - der ge - weckt, mor-gen früh, wenn Gott will, wirst du wie - der ge - weckt.

Auf Flügeln des Gesanges
On Wings of Song

Heinrich Heine (1797–1856)

Felix Mendelssohn (1809–1847)

range:

Andante tranquillo

1. Auf Flü-geln des ___ Ge-san - - ges, Herz-lieb-chen, trag ich dich fort, fort nach den Flu-ren des Gan - ges, dort weiß ich den schöns-ten Ort. Dort liegt ein rot-blü-hen-der Gar-ten im

(2. Die) Veil-chen ki-chern und ko - sen, und schaun nach den Ster-nen em-por, heim-lich er-zäh-len die Ro - sen sich duf-ten-de Mär - chen ins Ohr. Es hüp-fen her-bei ___ und lau - schen die

range:

Gruß
Greeting

Heinrich Heine (1797–1856)

Felix Mendelssohn (1809–1847)

Andante

1. Lei - se zieht durch mein Ge - müt lieb - li - ches Ge -
2. Zieh hin - aus bis an das Haus, wo die Veil - chen

- läu - te; klin - ge, klei - nes Früh - lings - lied,
sprie - ßen; wenn du ei - ne Ro - se schaust,

kling hin - aus ins Wei - te.
sag, ich laß sie grü - ßen.

Lieblingspätzchen

Favourite Haunt

Friederike Robert (1795–1832)

Felix Mendelssohn (1809–1847)

range:

Andante

1. Wißt ihr, wo ich ger - ne weil' in der A - bend - küh - le?
2. Auch die Blüm-lein in dem Grün an zu spre-chen fan - gen,

In dem stil - len Ta - le geht ei - ne klei - ne Müh - le, und ein klei - ner
und das blau - e Blüm-lein sagt: sieh mein Köpf-chen han - gen! Rös-lein mit dem

cresc. *dim.* **rallent.** **a tempo**

Bach da - bei, rings um - her stehn Bäu - me. Oft sitz ich da
Dor-nen - kuß hat mich so ge - sto - chen: ach! das macht mich

stun-den-lang, schau um - her und träu - me.
gar be-trübt, hat mein Herz ge - bro - chen.

3. Da naht sich ein Spinn - lein weiß, spricht: sei doch zu - frie - den;

ein - mal mußt du doch ver-gehn, so ist es hie - nie - den; bes-ser, daß das

Herz dir bricht von dem Kuß der Ro - se, als du kennst die

Lie - be nicht und stirbst lie - be - lo - se.

An die Laute
To the Lute

range:

Friedrich Rochlitz (1769–1842)

Franz Schubert (1797–1828)

Etwas geschwind

1. Lei - ser, lei - ser, klei - ne Lau - te,
2. Nei - disch sind ___ des Nach - bars Söh - ne,

flü - stre, was ___ ich dir ver - trau - te, dort zu je - nem
und im Fen - ster je - ner Schö - ne flim - mert noch ___ ein

An die Musik

To the Music

Franz von Schober (1796–1882)

Franz Schubert (1797–1828)

Du hol - de

Kunst, in wie - viel grau - en __ Stun - den, wo mich des

Le - bens wil - der Kreis um - strickt, hast du mein

Herz __ zu __ war - mer Lieb ent - zun - den, hast mich in ei - ne __

beß - re Welt ent - rückt, in ei-ne beß - re Welt __ ent-rückt!

Oft hat ein

Seuf - zer dei - ner Harf ent - flos-sen, ein sü - ßer,

range:

Romanze
from *Rosamunde*

Wilhelmina Christiane von Chézy (1783–1856)

Franz Schubert (1797–1828)

Andante con moto

Der Voll - mond strahlt auf Ber - ges-höhn, wie hab ich dich ver - mißt! __ Du

sü - ßes Herz! es ist so schön, wenn treu die Treu - e __ küßt, du sü - ßes Herz! es

ist so schön, wenn treu ____ die Treu - e ____ küßt!

Was frommt des Mai - en hol - de Zier? Du warst mein Früh - lings-

- strahl! ____ Licht mei - ner Nacht, o läch - le mir im To - de noch ein - mal! Licht

mei - ner Nacht, o läch - le mir im To - de noch ein - mal!

Sie trat hin - ein beim Voll - mond-schein, sie

blick-te him - mel - wärts: ___ „Im Le - ben fern, im To - de dein!" und sanft brach Herz an ___

Herz, „im Le - ben fern, im To - de dein!" und ___ sanft ___ brach Herz an Herz.

An Sylvia
To Sylvia

Eduard von Baeurnfeld (1802–1890)

Franz Schubert (1797–1828)

Mässig - *Moderate speed*

1. Was ist Sil - via, sa - - get
2. Ist sie schön ___ und gut da -

an, ___ dass sie die wei - te Flur preist?
- zu? ___ Reiz labt wie mil - de Kind - heit;

Schön und zart ___ seh ___
ih - rem Aug ___ eilt ___

Ave Maria

Ellens Gesang III (Hymne an die Jungfrau)

Sir Walter Scott (1771–1832)

Franz Schubert (1797–1828)

1. A - ve Ma-ri - a! Jung-frau_ mild, er-hö - re_ ei-ner Jung-frau Fle - hen, aus die-sem Fel-sen starr_ und wild soll_ mein Ge-bet_ zu dir_ hin-we - hen. Wir

2. A - ve Ma-ri - a! un-be - -fleckt! Wenn wir auf_ die-sen Fels hin-sin - ken zum Schlaf, und uns_ dein Schutz be- -deckt, wird weich der har - te Fels_ uns dün - ken. Du

3. A - ve Ma-ri - a! Rei - ne_ Magd! Der Er - de_ und der Luft Dä-mo - nen, von dei - nes Au - ges Huld_ ver- -jagt, sie_ kön - nen hier_ nicht bei_ uns woh - nen. Wir

schla - fen si - cher bis zum Mor - gen, ob Men - schen noch so grau-sam sind. O
lä - chelst, Ro-sen - düf - te we - hen in die - ser dump-fen Fel - sen-kluft. O
wolln uns still dem Schick-sal beu - gen, da uns dein heil - ger Trost an-weht; der

Jung - frau,sieh der Jung-frau Sor - gen, o Mut - ter, hör ein bit tend Kind!
Mut - ter, hö - re Kin - des Fle - hen, o Jung - frau, ei - ne Jung-frau ruft!
Jung - frau wol - le hold dich nei - gen, dem Kind, das für den Va - ter fleht!

A - ve Ma - ri - a!
A - ve Ma - ri - a!
A - ve Ma - ri - a!

Die Forelle

The Trout

Christian Friedrich Daniel Schubart (1739–1791)

Franz Schubert (1797–1828)

range:

Ständchen

Serenade

Ludwig Rellstab (1799–1860)

Franz Schubert (1797–1828)

range:

Mäßig

pp

Lei - se fle - hen mei - ne Lie - der durch die Nacht zu dir;

in _ den stil - len Hain her-nie - der, Lieb - chen, komm zu mir!

Flü - sternd schlan - ke Wip - fel rau - schen

Hinaus in's Freie!

Come Outside!

range:

August Heinrich Hoffmann von
Fallersleben (1798–1874)

Robert Schumann (1810–1856)

1. Wie blüht ___ es im Ta - le, wie grünt's ___ auf den
2. Es la - det der Früh - ling, der Früh - ling uns

Höhn! und wie ist es doch im Frei - en, im Frei - en so
ein; nach der Wei - den - flö - te sol - len wir sprin - gen zum

schön! Es la - det der Früh - ling, der Früh - ling uns
Reihn. Wer woll - te nicht tan - zen dem Früh - ling zu -

ein, nach der Wei - den - flö - te sol - len wir __ sprin - gen zum
- lieb, der den schlim - men, lan - gen Win - ter uns __ end - lich ver -

Reihn.
- trieb?

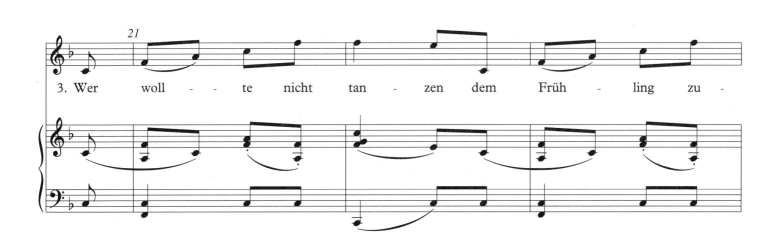

3. Wer woll - te nicht tan - zen dem Früh - ling zu -

Die Waise

The Orphan

August Heinrich Hoffmann von
Fallersleben (1798–1874)

Robert Schumann (1810–1856)

1. Der Früh - ling keh - ret wie - der, und al - les freu - et
2. Was soll mir ar - men Kin - de des Früh - lings Pracht und

sich, ich bli - cke trau - rig nie - der, er kam ja nicht für mich.
Glanz? Denn wenn ich Blu - men win - de, ist es zum To - ten-kranz.

3. Ach! kei - ne Hand ge - lei - tet mich heim ins Va - ter-haus, und
4. O Him - mel, gib mir wie - der, was dei - ne Lie - be gab, blick

kei - ne Mut - ter brei - tet die Ar - me nach mir aus.
ich zur Er - de nie - der, so seh ich nur ihr Grab.

Ich grolle nicht

I bear no grudge

Heinrich Heine (1797–1856)

Robert Schumann (1810–1856)

Nicht zu schnell

Ich grol - le night und wenn das Herz _____ auch bricht,

e - wig ver-lor' - nes Lieb, e - wig ver-lor' - nes Lieb! _____ ich

grol - le nicht, ich grol - le nicht. Wie du auch

strahlst in Di - a - man - ten-pracht, es fällt kein Strahl in dei-nes

Her - zens Nacht, das weiss ich längst. _____

Marienwürmchen
Ladybird

Traditional

Robert Schumann (1810–1856)

range:

Nicht schnell

Ma - ri - en - würm - chen, _ set - ze dich auf mei - ne Hand, auf mei - ne Hand, ich

tu' dir nichts zu _ Lei - de, nichts nichts zu Lei - de. Es soll dir nichts zu

Leid ge-scheh'n, will nur dei - ne bun - ten Flü - gel seh'n, bun - te Flü - gel mei - ne

Freu - de! Ma - ri - en - würm - chen, flie - ge weg, dein

Häus - chen brennt, die Kin - der schrei'n so seh - re, wie so _ seh - re, schrei'n,

Frühlingsgruß

Spring greeting

August Heinrich Hoffman von
Fallersleben (1798–1874)

Robert Schumann (1810–1856)

range:

Sehr mäßig

1. So sei ge-grüßt viel - tau-send-mal, hol - der, hol - der Früh - ling! Will - kom - men hier in un - serm Tal, hol - der, hol - der Früh - ling! Hol - der Früh - ling, ü - ber-all grü - ßen wir dich froh mit Sang und Schall, mit Sang und Schall.

2. Du kommst, und froh ist al - le Welt, hol - der, hol - der Früh - ling! Es freut sich Wie - se Wald und Feld, hol - der, hol - der Früh - ling! Ju - bel tönt dir ü - ber-all, dich be - grü - ßet Lerch' und Nach - ti - gall, und Nach - ti - gall.

3. So sei ge-grüßt viel - tau-send-mal, hol - der, hol - der Früh - ling! O bleib recht lang' in un - serm Tal, hol - der, hol - der Früh - ling! Kehr in al - le Her - zen ein, laß doch al - le mit uns fröh - lich sein, fröh - lich sein!

Der Musikant

The Musician

Josef Karl Benedikt von
Eichendorff (1788–1857)

Hugo Wolf (1860–1903)

Sehr mässig

Wan-dern lieb' ich für mein Le - ben, le-be e - ben, wie ich kann,

wollt' ich mir auch Mü - he ge - ben, passt es mir doch gar nicht an.

Schö - ne al - te Lie - der weiß ich, in der Käl - te, oh - ne Schuh',

drau - ßen in die Sai - ten reiß' ich, weiß nicht, wo ich a - bends ruh'!

Man-che Schö - ne

macht wohl Au - gen, mei-net, ich ge - fiel' ihr sehr, wenn ich nur was woll-te tau - gen,

so ein ar - mer Lump nicht wär'.

Mag dir Gott ein'n Mann be - sche - ren, wohl mit Haus und

Hof ver - seh'n! Wenn wir zwei zu - sam - men wä - ren, möcht' mein Sin - gen

mir ver - geh'n.

Auch kleine Dinge

E'en little things

Paul Heyse (1830–1914)

Hugo Wolf (1860–1903)

Langsam und sehr zart (♩ = 54)
(*Slowly and very tenderly*)

Auf ein altes Bild

To an old picture

Eduard Mörike (1804–1875)

Hugo Wolf (1860–1903)

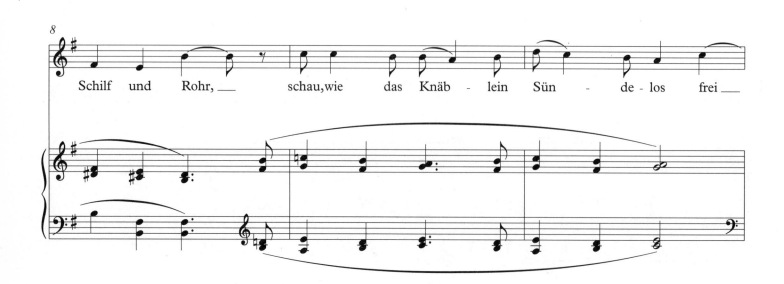

Das verlassene Mägdlein

The abandoned Maiden

Eduard Mörike (1804–1875)

Hugo Wolf (1860–1903)

range:

Früh, wann die Häh - ne krähn,

eh' die Stern-lein schwin-den, muss ich am Her - de stehn, muss Feu - er zün - den.

Schön ist der Flam-men Schein, es spring-en die Fun-ken; ich schau-e

so dar-ein, in Leid ver - sun - ken.